Saúde

Dados Internacionais de Catalogação na Publicação (CIP)
(Câmara Brasileira do Livro, SP, Brasil)

Guimarães, Margaret
    Saúde / Margaret Guimarães, Marcelo Nunes
Mestriner, Antônio Gusman ; coordenação Maria
Aparecida Baccega. – São Paulo : Ícone, 2000. –
(Coleção temas transversais)

    ISBN 85-274-0622-5

    1. Higiene 2. Saúde 3. Saude e doença
I. Mestriner, Marcelo Nunes. II. Gusman, Antônio.
III. Baccega, Maria Aparecida. IV. Título. V. Série.

00-3258   CDD-613

Índices para catálogo sistemático:

1. Saúde : Cuidados pessoais : Higiene   613

Margaret Guimarães
Marcelo Nunes Mestriner
Antônio Gusman

Saúde

Coleção Temas Transversais

Coordenação:
Profª Dra. Maria Aparecida Baccega
- Professora Associada da Escola de Comunicações e Artes da Universidade de São Paulo
- Diretora Editorial da Revista Comunicação e Educação
- Coordenadora do Curso de Pós-Graduação *Lato Sensu* Gestão de Processos Comunicacionais
- Ministra aulas em nível de Graduação e de Pós-Graduação

Ícone editora

© Copyright 2000.
Ícone Editora Ltda

Coordenação Editorial
Maria Marta Jacob

Capa e Diagramação
Andréa Magalhães da Silva

Revisão
Profª Dra. Maria Aparecida Baccega
Maria Marta Jacob

Proibida a reprodução total ou parcial desta obra,
de qualquer forma ou meio eletrônico, mecânico,
inclusive através de processos xerográficos,
sem permissão expressa do editor
(Lei nº 5.988, 14/12/1973).

Todos os direitos reservados pela
ÍCONE EDITORA LTDA.
Rua das Palmeiras, 213 – Sta. Cecília
CEP 01226-010 – São Paulo – SP
Tel./Fax.: (011)3666-3095

OS AUTORES

- **MARGARET DE OLIVEIRA GUIMARÃES**
Licenciada em Letras (Português e Literatura) pela Faculdade de Filosofia, Letras e Ciências Humanas Barão de Mauá, em Ribeirão Preto (SP); formada em Língua e Literatura Francesa pela Aliança Francesa de Paris. Atualmente cursa mestrado na Escola de Comunicações e Artes da USP. É Diretora Geral da Organização Educacional Albert Sabin, em Ribeirão Preto, SP. Autora de *A gramática lê o texto*, livro didático editado pela Moderna dirigido ao ensino médio.

- **ANTÔNIO BARIONI GUSMAN**
Licenciado em Ciências Biológicas. Atualmente é professor colaborador no Curso de Pós-Graduação em Biologia Comparada e Graduação em Ciências Biológicas do Departamento de Biologia da Faculdade de Filosofia, Ciências e Letras de Ribeirão Preto da USP. Doutourou-se pela Escola Superior de Agronomia Luís de Queirós, da USP, em Piracicaba (SP).

- **MARCELO NUNES MESTRINER**
Formado em Biologia pelo Centro Universitário Barão de Mauá, em Ribeirão Preto (SP). Cursou especialização em Biologia Evolutiva pela Universidade de Franca. Atualmente é professor de Ciências no ensino fundamental do Liceu Albert Sabin, de Biologia no ensino médio no Colégio Carlos

Chagas Filho – Anglo, e de Paleontologia e Prática de Ensino no Centro Universitário Barão de Mauá, todos em Ribeirão Preto (SP).

SUMÁRIO

Apresentação 9

Saúde: um compromisso a ser perseguido 11

Saúde × Doença 21

Saúde: todos em defesa de todos 33

Saúde contada nos dedos 45

A saúde escreve a história dos homens 57

Bibliografia 69

APRESENTAÇÃO

Estamos entregando a coleção *Temas Transversais*, que objetiva colaborar com professore(a)s e aluno(a)s na operacionalização dessas temáticas. A coleção se compõe de 6 volumes: Meio Ambiente, Saúde, Trabalho e Consumo, Ética, Pluralidade Cultural e Orientação Sexual.

Segundo os Parâmetros Curriculares Nacionais, é importante que "esses temas sejam tratados de maneira articulada com as matérias curriculares. Desta maneira, procura-se que estejam presentes em todas as áreas, estabelecendo uma relação entre os conteúdos clássicos e as questões da atualidade". Como se vê, não se trata de mais um conteúdo a ser ministrado e sim de um *modo de fazer* que possibilite efetivamente formar cidadãos que carreguem por toda a vida valores e comportamentos que beneficiem a coletividade, beneficiando a cada um.

Escrito por professore(a)s que militam em sala de aula em diferentes disciplinas, cada volume é constituído por pequenos textos que fornecem algumas orientações sobre o tema e por um grande número de atividades, envolvendo as várias áreas do saber. Consideramos que, desse modo, podemos nos incorporar ao cotidiano da escola.

Por outro lado, moveu-nos o objetivo de dar inteira liberdade ao(à) aluno(a), procurando redigir um texto para ele(a), ou seja, um texto que ele(a) entende e a partir do qual ele(a) próprio(a) trabalhará e criará outras propostas, de acordo com a realidade na qual a escola está situada. Ao(À) professor(a), caberá a indispensável e insubstituível orientação.

Nesse jogo, que tem que ser alegre e produtivo, nós pretendemos apenas dar a partida.

Maria Aparecida Baccega

SAÚDE: UM COMPROMISSO A SER PERSEGUIDO

Margaret Guimarães

Saúde é Educação. É na prevenção das doenças, na conscientização de uma saúde pública eficiente, cobrada pela escola e pela comunidade, que faremos a integração entre o ensino e uma sociedade saudável. Consideramos saúde do ser humano o seu bem-estar físico, psíquico e social, sendo a visão social bem ampla, englobando as condições de moradia, relacionamento social, interação com o meio ambiente, preservação ecológica, saneamento básico, alimentação adequada com ingestão de alimentos cultivados sem contaminação pelo esgoto, como acontece nas hortas da periferia das cidades.

Saúde perfeita é manter o equilíbrio físico em todas as suas potencialidades, a neutralização do estresse do trabalho e das distorções sociais, é morar no Paraíso sem macieiras. O nosso objetivo educacional é criar condições de assimilação cultural para que você vista a camisa da saúde como veste a do seu time de futebol preferido.

Você pode observar que cada professor, dentro de sua disciplina, acaba por inserir dados e conceitos que se farão fixar na sua estrutura intelectual e se espalharão no seu comportamento social, refletindo-se no desempenho da comunidade e na harmonia social.

Os conceitos que beneficiam o aprendizado no tocante à saúde são ministrados para que se imprima, em cada aluno, uma estruturação formativa, para que leve este conhecimento ao seu lar e mude um condicionamento popular que impera nas famílias por crendice e tradição. Temos que neutralizar fatores arraigados na transmissão do conhecimento familiar preconizado pela "avó" e que vem se perpetuando boca-a-boca nos conceitos da casa paterna. Como exemplo, lembramos ditos que já ouvimos muito, como "teia de aranha ajuda a cicatrizar o cordão umbilical do recém-nascido ", e é uma das causas de disseminação do tétano neonatal, que ainda existe em nossos ambulatórios neste final de século.

Para conhecer

Mudar a crendice e a tradição é tão ou mais difícil que ministrar conceitos de saúde que, via de regra, fogem da direção familiar e dos afazeres do cotidiano. Por isso devemos nos informar com dados reais, seja no âmbito regional ou nacional, ao darmos o nosso enfoque a um determinado assunto. Os textos demonstrativos da realidade nos permitem uma fixação mais definitiva. Devemos conhecer bem a nossa cidade, a nossa região e o nosso país.

Segundo dados do IPEA (Instituto de Pesquisa Econômica Aplicada), o Brasil em 1996 gastou 1,94% do PIB (Produto Interno Bruto) em saúde e 0,12% do PIB em saneamento.

Conforme o IBGE, em 1.996 os brasileiros das regiões metropolitanas gastaram de 4,4% a 6,1% da renda familiar com saúde.

Estes dados foram retirados da página da Internet do Ministério da Saúde, onde temos outros índices como a incidência de malária e tuberculose, doenças sexualmente transmissíveis, ou desnutrição e mortalidade infantil. Você também pode consultá-la, atualizando-se, conscientizando-se da realidade. Faça da conscientização escolar sobre o bairro, a cidade, o estado, a região e o país uma bandeira de luta e assim poderemos conscientizar os cidadãos da comunidade em que vivemos.

A OMS (Organização Mundial de Saúde) publicou neste final de 1999 pesquisa que revela que existem 6 milhões de mulheres que todos os anos praticam o aborto na América Latina e dessas mulheres 1,4 milhão são brasileiras, ou seja, quase 25% do total. Revela ainda que 1 em cada 1000 morre em decorrência desse ato. Ora, tudo isso pode ser revertido com uma conscientização educacional sobre sexualidade e orientação sobre programação familiar.

Segundo a OMS, a contrapublicidade sobre o fumo na Califórnia (EUA) foi eficiente, diminuindo em 700 mil o número de fumantes e em 14% a freqüência do câncer bronco-pulmonar naquele estado. Lembramos que, com sua ajuda, a contrapublicidade pode fazer parte do cotidiano da escola, em seus jornais, murais, pesquisas, etc., conscientizando ininterruptamente todos os alunos. Os fatos que manifestam a conscientização de cada aluno devem ser trabalhados dinamicamente nas discussões dos referidos temas para que o conceito final seja embasado, assimilado e incorporado na formação escolar e social. Devemos repudiar o mural estático que só prega recortes de notícias, acabando por acostumar-nos, na nossa visão diária, a conviver com os fatos negativos de uma sociedade desestruturada com violência e drogas, por exemplo. Colabore para trabalhar esses fatores, demonstrando que há uma luz no fim do túnel e que depende fundamentalmente da nossa postura e da determinação de todos, sobretudo sua e de seus colegas, que constituem a nova geração.

Queremos ainda chamar a atenção para o benefício da higiene pessoal na prevenção de moléstias. Lembre-se de que o simples ato de lavar as mãos implica prevenir doenças, incluindo as infecções hospitalares, que também vêm diminuindo com essa conscientização dos funcionários que trabalham nos hospitais.

Felizmente, o Brasil vem aumentando o consumo de detergentes usados na limpeza corporal. Em 1998 o brasileiro gastou 1 quilo de sabonete por habitante/ano, ou seja, o dobro do consumo francês. Consumimos 0,4 quilo de creme dental por habitante/ano, o dobro do povo italiano. Também estamos aumentando o consumo de escovas de dentes, que já são usadas por 87% da população, que também consome 21 unidades de papel higiênico por habitante/ano. O uso de fio dental dobrou de 1994 a 1998, o que é significativo nos detalhes da higienização bucal.

Apesar disso e tendo melhorado o seu sistema informativo, alcançando, em 1998, 350 milhões de exemplares de revistas em circulação e 362 títulos de jornais diários, o Brasil continua sendo um país de pobres, ainda que, em 1997, 86,21% de domicílios tivessem televisão e 80,27%, geladeira. De seus 163,6 milhões de habitantes, em 1999 (IBGE), 54 milhões são considerados pobres, sendo que 24 milhões são indigentes, segundo o conceito da Organização Mundial de Saúde.

Existem cerca de 20 milhões de adultos analfabetos no país e mais 50 milhões de semi-alfabetizados, incapazes de interpretar um texto demonstrativo, por exemplo, um manual de instalação de um eletrodoméstico. Isso repercute na dificuldade de reintegração social e no emprego de uma sociedade que vem se informatizando alucinadamente dentro de uma economia globalizada.

Divulgar a saúde

Em 1999 houve um aumento de 6,6 milhões de alunos matriculados no ensino fundamental em relação a 1998, segundo o MEC. Isso demonstra que a escola tem um potencial de ditar normas de saúde preventiva a uma população altamente receptiva, como tem a obrigatoriedade de recuperar todo um sistema que falhou, legando ao Brasil de hoje (quase a metade de seus habitantes) cidadãos que não sabem ler ou lêem e não entendem. Você também precisa fazer a sua parte.

Devemos simplificar a difusão dos preceitos que divulgam a saúde com normas práticas e eficientes. Não conseguiremos uma boa alimentação fazendo listas de alimentos ou livros de receitas, pois, como vimos, 50 milhões lêem e não assimilam o que leram. Temos que ser criativos como os chineses que preconizam uma boa alimentação na ingestão de alimentos de cores diferentes, de preferência cinco cores a cada dia. Veremos que desse modo todos podem entender, sem fórmulas complexas e listagens, pois o mesmo alimento tem nomes diferentes, dependendo da região em que se encontra, o que complicaria ainda mais a fixação do conceito.

Prevenir acidentes

Saúde é prevenir acidentes e, segundo a Fundação Oswaldo Cruz, existe uma média de 300 mil casos por ano de intoxicação acidental por remédios, inseticidas e produtos de limpeza. Os medicamentos equivalem a 38% dos casos relatados e a maioria dos intoxicados tem menos de cinco anos de idade. A moradia é o local onde se viabilizam a maioria desses acidentes.

Além de decisão governamental que não obriga as embalagens de segurança no fechamento dos recipientes dos medicamentos, existe a desinformação familiar que larga os remédios ao alcance das crianças. Na década de 70 foi aprovada, nos EUA, lei que obriga as embalagens a terem tampa de segurança, o que fez cair em 80% os acidentes com intoxicação por produtos farmacêuticos.

O segundo grande vilão das intoxicações são os produtos clandestinos vendidos a granel e que são embalados na sua maioria em garrafas de refrigerantes vazias, assim como os derivados do petróleo que, muitas vezes, usados como produtos de limpeza, são largados à mercê das crianças, nos cantos das casas, prontos para ser ingeridos.

Mesmo os produtos de limpeza vendidos industrialmente, que têm embalagens chamativas na sua forma e cor, não têm um sistema de segurança após serem abertos. Por exemplo, a soda cáustica é um agente químico que entra na formulação de muitos produtos como águas sanitárias, detergentes em pó ou líquidos, limpa-vidros, lava-louças, etc., e, se levado à boca, é desastroso. Muitos produtos ilegais, como os raticidas, contêm arsênico que, se ingerido, é fatal. Muitas plantas decorativas são tóxicas, principalmente aquelas que apresentam secreções leitosas. Elas podem provocar choques cárdio-respiratórios e hemorragias internas. Essas plantas convivem conosco e poucas pesssoas se preocupam em identificá-las para tomar as devidas precauções preventivas. Ainda mais, quantos de nós, mesmo os mais esclarecidos, somos capazes de citar apenas uma planta tóxica e identificá-la no jardim de casa? Temos muito que aprender para poder ensinar, e é nessa intersecção das matérias, cujo objetivo é a saúde, que programaremos os temas transversais, de fundamental importância na formação do cidadão.

Saúde e ética

Saúde agrega os princípios da ética, considerada como regra que estabelece os direitos e deveres no relacionamento entre os homens com seus princípios religiosos e culturais.

Ética é uma instituição complexa e abrangente, porém primordial na saúde social de uma nação que prioriza a magnitude do homem dentro da sua sociedade. A fundamentação dos conceitos éticos é dinâmica e é nessa busca do equilíbrio gerado pela incansável discussão que concluiremos pela instituição de princípios que irão apaziguar o conflito de idéias e levar ao mútuo respeito.

Devemos nos lembrar dos princípios da ética nas discussões dos temas sobre saúde, pois um grande gerador de conflitos é a revolução científica que cria polêmicas nos relacionamentos entre humanos e no relacionamento dos homens com Deus. Podemos exemplificar com as discussões sobre alimentos transgênicos ou com a geração de corpos (animais ou humanos) fora do ventre materno, ou ainda, com as mudanças gênicas em animais, preparando seus órgãos para serem transplantados para os homens. Tudo isso deve ser levado aos bancos das escolas, pois nesses temas bem discutidos estão as preciosidades do equilíbrio e da saúde mental, prioritários no desenvolvimento da cidadania.

Saúde: riso e alegria

Saúde é equilíbrio e a escola é uma de suas fontes geradoras, com capacidade de criar novas formas de promover reações orgânicas harmoniosas que farão a neutralização da doença e levá-las aos seus alunos. Essa força curativa não é um novo medicamento, mas a motivação do riso e da alegria. Muitos hospitais têm a sua brinquedoteca, seus teatros, recentemente, sua sala de cinema, seus voluntários que, fantasiados, promovem o riso que enleva, mostrando que a alegria ao lado dos medicamentos acelera a cura, diminui a ansiedade em relação aos remédios e gera novas esperanças. Esse também é o papel que devemos atribuir à escola, dando-lhe mais essa função, pois o teatro de comédia não só ilustra a crítica social, mas promove saúde.

Saúde é o desenvolvimento da Inteligência Emocional que dá ao aluno a motivação adequada para que ele reconheça seus próprios sentimentos e saiba lidar com eles, adequando as suas ações e reações. Que aprenda a dirigir as suas emoções na busca de soluções criativas que irão gerar novos estímulos positivos para suas decisões. E nesse equilíbrio interior é que será possível entender as emoções das outras pessoas, descobrir e respeitar seus sentimentos, criando possibilidades de um relacionamento harmonioso. Ao saber gerenciar os seus sentimentos e os das outras pessoas, o indivíduo direciona suas reações na formação dos grupos sociais ou de trabalho de modo coerente e construtivo.

O desenvolvimento dos relacionamentos interpessoais vai gerar automotivações que são os segredos do aprendizado e da sabedoria, frente aos desafios da própria vida.

SAÚDE X DOENÇA

Marcelo Nunes Mestriner e Antônio Gusman

Quando falamos em saúde, de imediato pensamos em uma maneira de não ficarmos doentes, ou seja, alguma forma de não adquirirmos a tão famigerada enfermidade, ou, o que é pior, a total e irreversível falta completa de saúde que chamamos de morte. Por que será que começamos a pensar sempre pelo pior? Por que será que não nos damos conta de que já temos, antes de tudo, a tão desejada saúde?

Para começarmos a discutir esse assunto, devemos nos concentrar no conceito biológico de saúde. Um organismo saudável é caracterizado pela manutenção de um estado de equilíbrio em suas relações internas conhecida como homeostase e também pela manutenção do equilíbrio de suas relações com seu meio externo. Para que esse estado de equilíbrio seja mantido se faz necessário o uso de uma série de estruturas, substâncias, órgãos e sistemas, que se relacionam de forma harmoniosa e cuja complexidade vai depender do grau de desenvolvimento do ser estudado. Por exemplo: uma bactéria se alimenta, conseguindo energia e matéria-prima para a sua construção ou reparo, se reproduz e joga fora uma série de resíduos provenientes de suas atividades. Da mesma forma que as bactérias, nós humanos também temos os mesmos problemas básicos para resolver, porém em um grau de complexidade muito maior, o que nos possibilita a realização de uma série de atividades que uma bactéria teria, no mínimo, um grande problema para realizar. Você já imaginou uma bactéria dando um *show* de *rock,* dançando em uma festa ou simplesmente jogando queimada com os amigos?

Os seres humanos conseguiram executar suas funções básicas vitais, que são as mesmas que as de uma bactéria, porém também desenvolveram capacidades extremas de interpretação e de relação com o seu meio. Observe, em frente a um espelho, suas mãos e olhos e tente imaginar a capacidade dessas estruturas e como devem ter sido demorados e complexos seus processos de evolução.

Atividade

Confirmando o que dissemos no primeiro parágrafo, vamos realizar uma pequena prática para demonstrar como valorizamos melhor as coisas quando as perdemos.

Coloque uma venda em seus olhos e tente imobilizar de forma eficiente suas mãos. Tendo feito isso, tente realizar uma tarefa bem simples, como mudar a página desse livro, por exemplo!

Veja que você teve uma dificuldade excessiva para executar essa simples atividade tão comum em nosso dia-a-dia, pois você deve ter lançado mão de uma série de estruturas não apropriadas a essa função: como boca, orelha ou até os pés. Nossos órgãos e estruturas estão adaptados, cada um, a uma série de funções específicas, que o tempo e nossas modificações lapidaram de forma preciosa. Isso tudo nós já temos e só nos damos conta disso quando por algum motivo nos vemos subtraídos de suas funções.

Moedas vitais

Já falamos sobre o nosso maravilhoso organismo, tão fantástico e complexo que provavelmente nada poderia nos causar danos. Bem, a história não é tão simples assim, pois hoje nós vivemos por aí cheios de cáries, tortos, com dores nas costas, acima do peso, cansados, envelhecidos antes do tempo, etc. Será que nós fomos tão mal construídos que não conseguimos nos manter adequadamente pelo tempo de vida que nos cabe?

A resposta é óbvia e triste e está relacionada com o uso que fazemos de nossa maravilhosa máquina, que nos é entregue no nosso nascimento, na maioria das vezes intacta e com todos os requisitos para que possamos desenvolver e nos relacionar de forma eficiente com o nosso meio.

A "coisa" se processa como em um jogo eletrônico, onde iniciamos com uma quantidade de "vidas", que aqui substituirei pelos termos "moedas vitais", pois vida, infelizmente, só temos uma.

Como sabemos, no jogo, cada tarefa realizada com sucesso é premiada com uma certa quantidade de "moedas vitais", com as quais ganhamos mais força ou vitalidade, o que nos dá mais poder contra os malfeitores do jogo. Se porventura nos precipitamos em alguma ação ou não executamos essa ação de forma eficiente, somos subtraídos de nossas "moedas vitais" e passamos a perder algumas armas ou energia. Nesse ponto os malfeitores levam uma enorme vantagem contra nós e podem até nos eliminar.

Nossa vida biológica, desculpem-nos pelo pleonasmo necessário, segue de forma muito semelhante a esse jogo eletrônico, pois durante seu percurso somos tentados a tomar medidas precipitadas, cômodas ou momentaneamente prazerosas que nos "roubam" moedas vitais fundamentais à manutenção de nossas forças. Nosso "jogo de vida", se podemos chamar assim, como vários jogos eletrônicos, possui aquelas "maletas médicas" que nos repõem as "moedas vitais", senão todas, pelo menos em parte. Essas maletas médicas representam as vezes em que fomos atendidos por médicos ou que tomamos remédios para curar algum desequilíbrio de nosso organismo.

Doenças

A toda alteração ocorrida em nosso organismo, que modifique ou anule a ação de suas substâncias, estruturas, órgãos ou sistemas, provocando um desequilíbrio em nossas relações internas ou externas, chamamos doença.

As doenças podem nos ser transmitidas por razões que fogem ao nosso controle, como no caso das doenças hereditárias que nos são legadas no momento de nossa concepção. Outros casos dependem da relação que passamos a ter com seres oportunistas que nos roubam algum benefício, nos deixando, em troca, doentes. Esse segundo caso, algumas vezes, também não podemos evitar, porém muitas vezes encontramos esses parasitas por descuidos com os nossos alimentos, higiene e condutas.

Nossas condutas cotidianas também podem ser a causa de uma série de doenças, muito comuns em nossa sociedade atualmente, provocadas por um descuido nosso durante os afazeres diários. O simples fato de sentarmos para lermos esse livro pode estar nos causando um problema grave em nossa coluna, forçando-nos, no futuro, a usar coletes ou medicamentos para suportar a dor. Nossa anatomia, ou seja, a estrutura de nosso corpo, foi projetada e testada por milhões de anos de evolução e nós, reles mortais, abusamos dessa estrutura sem conhecê-la o bastante para respeitá-la e bem utilizá-la.

Nossa estrutura, quando somos jovens, suporta nossos abusos sem nos dar avisos e com o tempo vai se modificando de acordo com o nosso uso. Essa modificação vai se agravando, pois ela mesma acaba provocando posturas cada vez mais inadequadas, o que força o organismo a se modificar mais e assim por diante.

O tempo, nesse caso, é um fator muito importante, definindo nossas alterações corporais até à exaustão de nossa estrutura. Nesse momento sentimos o resultado de nossa falta de cuidado e daí para frente nos vemos impossibilitados para executar uma série de ações que nos são agradáveis ou, o que é pior, atividades que nos são fundamentais, como a execução de nosso trabalho.

O próprio trabalho pode nos gerar problemas, pois só nos preocupamos em fazê-lo e não como fazê-lo de forma saudável. Hoje é muito comum ouvirmos falar da L.E.R. (Lesão do esforço repetitivo), que é resultado de postura inadequada ou da falta de equipamentos e técnicas apropriadas para a execução de determinada atividade. Esse tipo de problema deveria ser encarado de forma mais séria pelo funcionário e pela empresa, pois devemos nos lembrar de que a produção é resultado da ação eficiente de homens e máquinas, sendo a prevenção, nesse caso, um investimento num futuro mais produtivo para o funcionário e conseqüentemente para a empresa. Essa não seria uma atitude no mínimo inteligente?

A coluna é só um exemplo desse problema, pois outras partes de nosso corpo também sofrem, tanto ou mais que ela. Lá vamos nós no doutor cuidar de nossos "piripaques" nervosos, pressão alta, bate-deiras, gastrites e úlceras.

Como se não bastassem os problemas causados por nossas ações, procuramos ainda agravá-los com artifícios mais nocivos como o uso de cigarros, chicletes, álcool, drogas, dentre outras coisas. Esse tipo de conduta é muito estranha, se considerarmos que vivemos em um mundo cheio de informações e exemplos do que esse tipo de ação propicia, bastando olharmos para o lado para vermos a AIDS, câncer, violência e assassinatos.

Saúde

Lembremos um dos princípios fundamentais da Organização Mundial de Saúde (OMS) que diz: "A saúde é um estado de completo bem-estar físico, mental, social e não apenas a ausência de doença ou enfermidade ". Qual o significado disso?

Que a saúde de nosso corpo não depende apenas e exclusivamente da perfeição de seu funcionamento físico. Há um mundo, no qual o corpo está mergulhado numa relação íntima, da qual depende seu bem estar como um todo.

E então o que envolve esta relação para que o indivíduo possa alcançar aquele estado ou nível completo de saúde?

Para responder pense no seguinte: Na sua cidade, como são tratados os rios? Recebem esgotos? São usados para irrigação? Recebem material de rejeitos industriais? De onde vem a água de uso doméstico? Existem esgotos e lixo a céu aberto? Na comunidade em que vive, a administração, o governo local, possibilita a todos emprego e salários suficientes para moradia, alimentação, assistência médica e lazer?

Essas situações trazem preocupações a você? De que forma podem provocar conseqüências nocivas ao bem estar da população e influir no alcance do nível completo da saúde?

De tudo isso você pode concluir: as soluções já existem. Há o controle do chamado saneamento do meio fisico (controle da qualidade da água, lixo, esgoto etc.) e de instituições hospitalares.

Apesar disso, pelas observações do cotidiano, compreenderá que essas medidas são insuficientes na busca da saúde plena.

Dirá: é necessária a criação de estruturas que mantenham e assegurem a cada cidadão alimentação, habitação, educação e renda salarial digna. E poderá deduzir que, naquele princípio da OMS, a SAÚDE está intimamente associada às condições ambientais e diretamente relacionada ao desenvolvimento.

O desenvolvimento, segundo a Lei Maior, é um dever do Estado. Mas será que este direito é resguardado e compartilhado por todos? (Conforme expressa o Art. 196 da Constituição de 1988)

Evidentemente a existência da Lei é de máxima importância às Instituições, mas ela por si só não é suficiente para assegurar este direito. Faz-se, portanto, urgente um trabalho árduo em nível de educação em saúde ambiental em todos os seus aspectos.

Esta deverá atuar sob uma postura ética, relacionada a propostas voltadas à realidade quanto à utilização e intervenção nos recursos naturais e suas transformações para uma concreta construção de qualidade de vida com saúde plena.

Veja quanta coisa abrange a questão que envolve a sua saúde e a saúde de sua cidade. Não podemos ficar parados e desatentos a essas questões, pois delas dependem a nossa vida e o futuro de nosso país.

Atividades

Vamos novamente arregaçar as mangas e trabalhar em prol desse assunto tão importante. Iremos dar algumas idéias para que você comece a se movimentar com o assunto, o resto fica por sua conta!

1. Proponha a seus colegas uma pesquisa que deve ser realizada nos departamentos de saúde de sua cidade. Lá, através de um questionário, procure saber qual ou quais são as enfermidades públicas mais comuns em sua região. Descubra também os métodos de transmissão e de cura para essa ou essas doenças.

2. Procure um médico ou um agente de saúde para esclarecer as características da doença, bem como sua prevenção e cura. Convide-os para falarem em sua escola.

3. Agora, procure agir como um agente de saúde, tentando localizar a parte da população que apresenta maior risco de adquirir o problema em questão e passe a desenvolver uma campanha informativa à população, na qual você e seus colegas enfocariam as informações conseguidas sobre a(s) doença(s).
Essa campanha poderá iniciar-se dentro da própria escola e depois se estender através de ações em pontos de maior concentração da população na sua região, como igrejas, lojas e supermercados.

4. Lembre-se: é importante levantar dados para verificar a eficácia da campanha. Verifique o número de casos até o momento da campanha para compará-los com os casos após esta ação de saúde. Lembre-se de que a campanha apresentará um efeito a longo prazo e que não podemos pensar em ações de saúde a curto prazo ou por um período pequeno. Não deixe a "peteca cair", pois só assim poderemos nos sentir felizes como verdadeiros agentes modificadores de hábitos ruins e da falta de informações .

5. A questão do lixo é extremamente importante para a saúde Procure saber o destino do lixo de sua região e analisar as conseqüências que esse destino pode causar à população a curto, médio e longo prazo. Apresente os resultados a seus colegas.

6. A partir desse levantamento, promova na escola uma campanha com o objetivo de encontrar possíveis destinos mais adequados para o lixo. É importante envolver todos os alunos na busca de sugestões. Relatórios escritos, maquetes, gráficos, desenhos podem compor a apresentação dos trabalhos, os quais deverão ficar expostos em corredores da escola.
Após apreciação por uma comissão julgadora, os melhores trabalhos podem ser apresentados às autoridades locais em uma seção aberta em sua escola.

7. É fundamental desenvolver projetos de saúde básica em sua escola, visando a uma maior higienização do ambiente escolar e dos próprios alunos. Realize campanhas duradouras de saúde bucal, vacinação, higiene pessoal, cuidados com o lixo, acidentes na escola, dentre outras que você e seus colegas podem sugerir, de acordo com a realidade da escola. Não podemos falar que o quintal do vizinho está sujo se não varremos o nosso próprio quintal, não é?

Aí estão algumas sugestões que você pode seguir, porém achamos que você é capaz de promover mais uma infinidade de ações melhores e mais adequadas à sua região. Somente exercendo a cidadania podemos nos considerar cidadãos.

SAÚDE: TODOS EM DEFESA DE TODOS

Margaret Guimarães

Todos nós sabemos diferenciar uma pessoa saudável de uma pessoa doente; isso ocorre, entretanto, com as doenças que se manifestam fisicamente: de uma forte gripe a um mal maior como são os casos do câncer ou da Aids, em estado terminal. No entanto, quando se trata de males mentais, ou psíquicos, como se costuma definir esse tipo de moléstia, a avaliação que se pode fazer de um indivíduo doente é muito mais complexa e seu tratamento, muitas vezes, nem sempre depende só de medicamentos eficientes ou de profissionais bem preparados, pois um indivíduo psiquicamente abalado pode ser vítima de circunstâncias advindas de vários fatores: estresse profissional, precárias condições de subsistência, desestrutura familiar, além de outros desajustes.

Tais problemas são, hoje, a grande preocupação de um país, pois eles decorrem, sem dúvida, de dificuldades geradas por uma sociedade complexa em que a cidadania vigente é a da mercadoria, uma sociedade em que as relações humanas estão confusas em seus valores e em seus princípios. E para não sermos massacrados definitivamente por essa estrutura selvagem, devemos, como cidadãos conscientes, empreender a luta solidária contra a barbárie: a pré-história do espírito humano em que as relações sociais se tornam incontroladas.

Em 1976, em um Congresso de Médicos e Psicólogos, ocorrido na Europa, a palavra "saúde" passou a ser definida como a maneira autônoma, solidária e prazerosa de viver. Ultimamente, tem-se notícia de que a França iniciou a busca de um sistema educacional em que educar é educar para a cidadania. E no Brasil, não podemos proceder da mesma forma?

O bem-estar humano, todos sabemos, não pode ser encarado de forma estática, permanente, pois viver em sociedade é estar exposto a permanentes conflitos; no entanto, todas as pessoas podem atingir um equilíbrio tanto biológico quanto psíquico. Isso vai depender, naturalmente, de estarmos conscientes de nossas necessidades básicas e lutarmos por elas.

Não se trata de travar uma luta individual, mas, sim, uma luta solidária para que toda a comunidade desenvolva um comportamento responsável frente aos vários aspectos da saúde, a fim de que, juntos, empreendamos uma batalha que possibilite a todo cidadão a prática de hábitos favoráveis a seu desenvolvimento, que todos tenham, enfim, voz para exprimir suas necessidades com relação à saúde física e mental, condição primeira na construção de uma sociedade de relações sadias de convivência e dignidade.

Essa consciência só se construirá pela ação conjunta que pode ter início na escola. É nesse sentido que reuniremos aqui algumas propostas de atividades que auxiliem você a refletir sobre temas que constituem, hoje, notadamente, pontos que desequilibram o nosso bem-estar e ameaçam a nossa saúde psíquica e moral.

E que problemas são esses?

Drogas, álcool, violência?

AIDS, doenças sexualmente transmissíveis?

Sim, esses são os fantasmas que denunciam a falência de hábitos e comportamentos sociais saudáveis e que tanto prejuízo trazem a cada um e à sociedade inteira.

Devemos incluir também em nosso debate questões alusivas à alimentação e à higiene pessoal, que são condições básicas para a prevenção de doenças.

Como pôr essas questões em debate?

Sabemos, por exemplo, através de dados da imprensa, que 65% dos acidentes com vítimas fatais são provocados por motoristas alcoolizados, que 1 em cada 10 usuários de álcool se torna dependente e, o que é muito grave, que 87% dos estudantes com menos de 18 anos já consumiram álcool.

E então, como podemos tentar melhorar essa situação? Em que podemos ajudar para criarmos uma maior consciência que nos ajude a enfrentar esses problemas, tentando melhorar as estatísticas?

Atividades

1. Nem sempre nos damos conta do potencial que cerca nossa atividade escolar: somos um grupo que, diariamente, convive com os mesmos objetivos e com os mesmos ideais. Vamos aproveitar essa possibilidade para pensarmos como grupo? Que você acha da idéia de provocar entre os colegas um debate inicial, a partir da seguinte proposta:

Você acha correto liberar a venda de bebidas alcoólicas para menores?

A partir desse estímulo, todos da classe, professores, alunos, além de pais e outros membros da comunidade podem ajudar a levantar dados que esclareçam as leis vigentes em outros países. Primeiro, fazemos um levantamento num mapa para sabermos quais os países mais próximos do nosso e aqueles mais conhecidos, do nosso continente e de outros, de que mais ouvimos falar. Em seguida, selecionamos os países que serão objeto de nossa pesquisa. Agora, vamos procurar conhecer um pouco sobre o que acontece com menores de idade e o consumo de bebidas alcoólicas nesses países. Lembre-se: jornais, internet, livros, pessoas mais velhas podem ser consultados.

2. Em matérias muito recentes de renomados jornais, *O Estado de S. Paulo* (30/1/2000) e *Folha de S. Paulo* (28/6/99), os cientistas confessam sua surpresa quanto aos efeitos nocivos das drogas:

"Cocaína danifica o cérebro após 2 anos de uso", *"Consumo de inalantes prejudica audição e raciocínio"*, *"Nicotina aumenta pressão arterial"*, *"Álcool retarda a puberdade e pode tornar mais lento o crescimento dos ossos"*, *"Dependência de droga estimula suicídio"*.

Vamos discutir o assunto?

Para tornarmos a discussão mais viva, podemos realizar um júri simulado. A classe pode ser dividida em dois grupos – o de defesa e o grupo de acusação. Trata-se de um trabalho que exige que se colham muitas informações, as quais servirão de base para você defender o seu ponto de vista ou combater os argumentos do grupo contrário ao seu. Mãos à obra. Vamos à pesquisa.

3. Prepare-se. Marque a data do júri simulado. Divulgue por toda a escola, com cartazes que podem conter, entre outras coisas, "afirmações" que gerem discussões entre os alunos, como preparação para o dia do grande júri. Veja as manchetes que apresentamos. Elas podem servir de inspiração. Aproveite seus conhecimentos de Ciências. Eles lhe fornecerão dados preciosos para o julgamento. Há algumas questões que são ponto de partida para a turma que defenderá a proibição da venda de bebidas alcoólicas: qual a composição química dessas bebidas que podem ser nocivas ao jovem? Quais são, na verdade, os males que o álcool pode causar ao organismo de um indivíduo que está, fisicamente, em desenvolvimento?

4. A atividade do júri simulado, além de desenvolver os aspectos orais da linguagem, vai contribuir muito para o aprimoramento de seu vocabulário. Você poderá perceber, através dos atos de fala, como a palavra, se bem empregada, tem o poder de persuasão, isto é, o bom advogado, se escolher bem a sua argumentação, será capaz de convencer o seu interlocutor e, conseqüentemente, ganhar a causa que ele está defendendo. Por isso, podemos afirmar que não há nada mais importante do que o emprego correto e adequado

da linguagem. Mas, cuidado, a gíria, os termos muito empregados pela mídia, que se tornam verdadeiros clichês da fala coloquial, devem ser evitados. Afinal, o júri é uma atividade que se reveste de formalidade. Devemos ter um compromisso claro com as normas gramaticais da língua portuguesa para conferir clareza aos nossos argumentos, além de buscar novas formas de expressão para enriquecer nosso vocabulário.

5. Agora, vamos fazer uma lista de termos e expressões que sejam pertinentes à temática em discussão. Ajudado por um bom dicionário, e contando com a ajuda dos professores de Língua Portuguesa, faça uma lista de palavras novas que sirvam de suporte a uma linguagem apropriada a um verdadeiro júri. Essa atividade vai possibilitar-lhe excelente desenvolvimento de um repertório vocabular mais rico.

6. Também muito interessante e agradável é montar bancos de palavras. As palavras devem ser anotadas em fichas e separadas por temas. Não se esqueça de colocá-las em ordem alfabética. Para cada tema, você e seus colegas, ao final de alguns meses de trabalho, terão feito um dicionário da classe que pode ser consultado sempre que quiserem desenvolver um texto. Esse dicionário será bem prático nas aulas de redação.

7. Vamos ilustrar essa idéia?

Se o tema escolhido para o debate ou para a redação fosse *Drogas,* como vocês montariam o "quase-dicionário"?

No arquivo 1, poderiam guardar os substantivos pertinentes a essa assunto; no arquivo 2, em outra cor, caso utilizem caixas encapadas, colocariam os verbos; no 3, os adjetivos.

Substantivos	Verbos	Adjetivos
Delinqüência	Traficar	Emocionante
Dependência	Estimular	Inibidor
Depressão	Injetar	Ilícita
Turbulência	Consumir	Fatal
Compulsão	Contrair	Retrógrada
Confronto	Prejudicar	Loquaz

Já pensaram? Quando tiverem que fazer uma redação sobre o tema *Violência,* por exemplo, é só abrir o arquivo (que pode ser um computador ou uma velha caixa de sapatos) e consultar todos os verbetes que sirvam para esse tipo de texto. No caso do júri simulado, veja algumas palavras que podem fazer parte do banco de dados: nocivo, benéfico, tolerável, intolerável, ilícito, saudável, ilegal, admissível, permissível. Esses são alguns adjetivos, que podem fazer parte do arquivo em fichas amarelas, por exemplo. E para os verbos? Podemos escolher fichas vermelhas, ou, para facilitar, usamos canetas diferentes, só para termos cada palavra já dividida em classes gramaticais. Vamos a alguns verbos úteis para a nossa defesa: licitar, vetar, sancionar, confirmar, ratificar; e os substantivos? Organizem também um outro fichário: o veto, a sanção, a confirmação, a ratificação, a tolerância, a permissividade.

Veja como é importante conhecermos as categorias gramaticais de nossa língua: isso facilita a organização dos bancos de palavras que irão, naturalmente, enriquecer o vocabulário. Essa é, também, uma importante função da escola. Você não acha? Aprimorar o conhecimento de cada aluno e enriquecer sua forma de comunicação.

Os grandes filósofos da linguagem provam que só podemos pensar em formas mais complexas de vida se aprimorarmos nossa expressão verbal, pois o pensamento se organiza através da linguagem.

Viu como o estudo da língua é importante? É através dela que adquirimos conhecimentos da matemática, da história, da geografia, das ciências em geral.

Agora, aproveite a idéia, utilize sua criatividade e organize com seus colegas bancos de palavras sobre os mais variados temas.

Mas voltemos ao nosso tema: saúde.

Se todos concordamos que é a partir de uma comunidade saudável que poderemos nos desenvolver, outras sugestões ficam aqui registradas para não perdermos essa meta de vista.

8. Que tal organizar entrevistas com profissionais da saúde, com policiais, com pais, com mães ou mesmo com jovens que já se alcoolizaram? Lembre-se: a entrevista supõe a existência de um roteiro previamente elaborado. E para organizar esse roteiro é preciso muita discussão, além de

conhecimento do tema. A entrevista tem por objetivo ampliar esse universo de conhecimento.

9. Com a ajuda de conhecimentos da matemática, você pode montar uma estatística para saber quantos são os habitantes do bairro, ou da cidade, para cada profissional da área da saúde. Os resultados devem ser amplamente discutidos. Segundo a OMS, o ideal é 600 habitantes para cada médico (Revista *Veja*, maio de 2000).

10. E os medicamentos? Colha rótulos dos remédios mais conhecidos e as suas respectivas bulas. Faça uma análise da linguagem dessas bulas para saber se o consumidor tem acesso às informações nelas contidas. Será que você entendeu? Quais as palavras que você não conhece?

11. Agora, analise com um profissional da saúde quais são os remédios considerados drogas que causam dependência. Se possível, traga o profissional até à escola. Se não, vá até ao consultório ou posto de saúde e depois divulgue os resultados.

12. Que tal organizar na escola uma campanha para o não-consumo indevido de medicamentos sem uma orientação adequada?
Sabemos que a linguagem publicitária tem grande força de persuasão. Aproveite, então, para incluir em sua campanha o combate às drogas, ao álcool. Você pode colher fotos de jornais e revistas, elaborar manchetes impactantes para

que o público-alvo sensibilize-se diante de algo tão importante: a nossa própria vida!

Essas atividades e outras que podem surgir da saudável discussão do grupo darão concretude e objetividade ao estudo da nossa língua materna, transformando-a em lupa para a investigação dos problemas sociais que fazem do nosso país um território plural; pluralidade de acentuadas diferenças sociais que só podem ser minimizadas com a ação vigorosa da escola.

Nosso objetivo não é deslocar as matérias curriculares ou acrescentar conteúdos já existentes, mas é introduzir, pelos mecanismos do ensino da Língua, a discussão das preocupações mais agudas da sociedade atual. Essas reflexões e essas atividades devem ser assimiladas por professores e alunos como instrumentos através dos quais possa se desenvolver a capacidade de pensar e manejar o mundo que nos rodeia.

Dessa forma, estaremos contextualizando o ensino dos conteúdos das disciplinas – particularmente da área de Língua Portuguesa – sem que eles sejam uma finalidade em si mesmos. Esse trabalho, em última análise, pretende conferir vida ao estudo das normas gramaticais da nossa língua materna, transformando-a em instrumento na investigação dos problemas sociais referentes às ameaças que alguns hábitos representam para a saúde do povo brasileiro.

Se a função da Escola é sensibilizar o aluno para uma leitura de mundo mais crítica, é fundamental que tragamos para dentro das discussões escolares os problemas relacionados à saúde que povoam a imprensa, os telejornais, os muros de nossas cidades, os lares de nossos vizinhos, a nossa consciência.

SAÚDE CONTADA NOS DEDOS

Margaret Guimarães

Há um ditado que, certamente, todos nós já ouvimos de nossos avós ou de nossas mães: "Quem quer faz, quem não quer manda".

Há, realmente, muita verdade nessa lição, até mesmo na construção de nossa cidadania, na organização de nossa escola, no cuidado com nossa casa. E sabem o que nos faz lembrar desse dito popular? É muito mais simples esperar a ação do poder público, é muito mais cômodo lamentar a omissão e a fragilidade das ações sociais do governo, enfim, é muito mais fácil esperar a atuação alheia do que tomar iniciativas, ainda que pequenas e mais amadoras, para organizar projetos que constituam verdadeiras e eficientes formas de construir uma consciência social e individual que seja capaz de interferir no processo saúde/doença.

Entre outros conceitos apresentados pela Organização Mundial de Saúde, um deles afirma que nenhum ser humano é totalmente saudável. Isso quer dizer que "saúde não é um estado estável"; por essa razão, devemos permanentemente construí-la, educando todos os cidadãos para ter capacidade de preservar e defender a vida!

A escola será sempre grande aliada nessa luta social porque somos um grupo que se reúne para pensar, para refletir, para buscar soluções na construção de um mundo melhor. É, portanto, a partir da ação conjunta que podemos transformar o meio, tornando-o cada vez mais propício ao desejado estado de equilíbrio do corpo e da mente.

"É nos espaços coletivos que se produz a condição de saúde da comunidade e, em grande parte, de cada um de seus componentes (...). Na escola, é possível propiciar o desenvolvimento das atitudes de solidariedade e cooperação nas pequenas ações do cotidiano e nas interações do convívio escolar". Essa é uma das lições que aprendemos com os Parâmetros Curriculares Nacionais.

Sabemos que o Brasil é pontuado por inúmeras diferenças sociais, econômicas, culturais e essas diferenças é que podem explicar o estado de saúde de um indivíduo ou mesmo de toda uma população. Aí começa o nosso trabalho: na observação do meio em que vivemos. Os conhecimentos de geografia e de história nos ajudam a tomar consciência do mundo do qual fazemos parte e é nesse momento que a escola começa a oferecer instrumentos e ferramentas para iniciarmos o nosso projeto de verdadeiros artesãos, na construção de uma sociedade que permita a todos uma vida mais digna.

Há tantas famílias, há tantos jovens, crianças que não têm acesso a informações básicas capazes de ajudá-los a preservar a vida; há tantos idosos que sucumbem à ação da natureza ou aos condicionantes biológicos porque desconhecem que é possível ser idoso e saudável, ativo e também participante dos processos sociais!

Nós temos instrumentos para mediarmos essas informações, nós podemos ser agentes transformadores a partir da palavra aprendida nos bancos escolares; temos nossos livros, nossos mestres, nossas mentes em permanente reflexão e raciocínio que podem estar a serviço de nossos semelhantes que não têm ou não tiveram as mesmas oportunidades que nós.

Portanto, tomemos posse de nossas ferramentas: lápis, papéis, fitas métricas, jornais, fotos, imagens, calculadoras e iniciemos o nosso caminho. Tracemos planos, mudemos estatísticas, levantemos dados de nossa comunidade, transformemos o bicho-homem em homem-cidadão, indivíduo-sujeito que tem direito à vida!

O bicho

Vi ontem um bicho
Na imundície do pátio
Catando comida entre os detritos.
Quando achava alguma coisa
Não examinava nem cheirava:
Engolia com voracidade.
O bicho não era um cão,
Não era um gato,
Não era um rato.
O bicho, Meu Deus, era um homem.

Manuel Bandeira

Leram o poema do grande escritor brasileiro? A primeira pergunta que pode nos ocorrer, após a leitura é: até quando a miséria humana será tema de poesia?

A resposta vem clara e pronta: assim será, enquanto o mundo que nos rodeia não for alvo da preocupação de cada um de nós. Por isso, comecemos por aí. Em que podemos auxiliar nossa comunidade a se alimentar melhor? De que forma é possível interferir nos hábitos alimentares das famílias, mesmo sabendo que muitas delas têm tão pouco a comer?

Antes de passarmos à ação, há um ponto de extrema importância. Trata-se de uma meta que deve nortear todo o trajeto que vamos percorrer com os nossos projetos: organizaremos ações com o objetivo de mudar não só atitudes. Nossa ambição deve ser maior! Lutemos para transformar *valores*. Os hábitos podem ser construídos e logo alterados; os valores, ao contrário, enraízam-se nos indivíduos e tornam-se únicos e eternos!

Agora, se estamos contaminados por essa idéia de participarmos da construção de um meio social mais saudável, vamos começar nosso trabalho conhecendo os recursos materiais de nossa comunidade e também os recursos disponíveis e necessários para o desenvolvimento de nosso projeto.

Atividades

Para estabelecermos um plano que se possa executar, é sempre importante pensar em organizar o nosso horizonte de trabalho. Podemos começar pela nossa classe da escola; a partir daí, reuniremos experiências que nos dêem condições para ampliar nossas fronteiras, tendo como meta, por exemplo, todos os colegas que freqüentam a sétima série, ou as oitavas. Mais seguros de nosso potencial de "agentes da saúde", podemos pedir auxílio à direção da escola e ampliarmos nossos limites de ação, escolhendo um bairro de nossa cidade, em que nossa investigação possa ser eficiente.

Quais os primeiros instrumentos de que precisaríamos? Lápis, prancheta ou bloco de papéis para anotarmos, objetivamente, o roteiro a ser seguido. Vamos tentar?

1. Se o grupo escolhido são seus colegas de classe, tudo fica inicialmente mais simples. Faça uma tabela em que possam ser registrados os seguintes dados:
Nome dos alunos:
Idade:
Altura:
Peso:
Alimentação básica:
Mês do registro:

2. Com esses dados iniciais, você pode estabelecer, ao longo dos meses, um gráfico demonstrativo do crescimento de cada um dos colegas e comparar seus resultados com o tipo de alimentação que eles costumam ingerir. Peça ajuda a professores, pais e, se possível, a profissinais de saúde. Anote suas observações.

3. Faça gráficos comparativos das alturas e pesos dos colegas de sua classe com a tabela-padrão universal que cataloga dados de desenvolvimento ponderal; essas tabelas estão sempre disponíveis nos Postos de Saúde mais próximos

de sua casa. Você poderá comparar os dados oficiais com os de sua classe e com o desenvolvimento ideal. Vá anotando suas observações.

4. Agora que você já sabe fazer a atividade, amplie para outras classes. Oriente colegas de outras salas de aula para fazerem o mesmo. Depois, compare os gráficos de sua sala de aula com as demais classes de sua escola com as quais você pôde trabalhar. Veja quais alunos estão mais próximos do padrão de desenvolvimento físico ideal. Uma discussão geral dos resultados, envolvendo alunos e professores, é indispensável.

5. Um outro passo a ser seguido são as atividades de campo. Pesquise, nos armazéns ou supermercados, quais são os produtos que compõem a "cesta básica". Pegando a lista desses alimentos, que devem fazer parte dessa cesta, você pode catalogar os preços deles, compará-los nos diversos locais de venda e discutir: por que os preços, quase sempre, são diferentes?

6. Você deverá debater com os seus colegas de classe se os alimentos que compõem a cesta básica oficial são suficientes para alimentar toda uma família e também se esses produtos vão dar aos membros dela um desenvolvimento de peso e altura desejados.

Com essas informações reunidas, você terá, em mãos, dados importantes que, mesmo sendo traduzidos em números, representam esclarecimentos sobre sua saúde e revelam os reflexos que as atitudes tomadas em relação à alimentação podem ter no seu futuro. Lembre-se: uma pessoa que se manteve em razoável equilíbrio físico e mental, nas várias fases da vida, desenvolverá o seu trabalho profissional com melhor desempenho; por outro lado, o indivíduo, cujo desenvolvimento físico foi comprometido no início de sua vida, terá um comprometimento mental dificilmente reparável.

7. O desenvolvimento adequado depende de condições materiais de que a família dispõe para criar seus filhos. Por isso, é importante pesquisar a renda *per capita* de sua cidade ou, se possível, de sua região, para conseguir conhecer essa situação. Esse dado pode ser conseguido em qualquer órgão público: na Secretaria da Fazenda de sua cidade ou na própria Prefeitura.

8. De posse desse dado, analise como as pessoas com esse rendimento vão comprar a sua alimentação, ou melhor, quantas "cestas básicas" podem ser compradas com essa renda. Observe que esse dado, relacionado à renda de cada indivíduo, é anual. Então, você precisa dividi-lo por doze para saber quantas "cestas básicas" podem ser compradas no mês.

Vamos ilustrar essa hipótese: se a renda per capita de uma cidade é de R$1200,00 ao ano, e a cesta básica custa R$120,00, como estabelecer esse cálculo? Deveríamos dividir 1200 (reais) por 12 (meses). O resultado, é claro, seria: R$100,00 por mês. Conclusão, nessa região, nem a cesta básica pode ser comprada pelos moradores. Como orientar essa população a se alimentar adequadamente, se o que os habitantes recebem é insuficiente? Antes de investigar uma saída para o nosso projeto, que dê conta de responder a essa complicada questão, passemos a outra atividade.

9. Compare os dados de sua região com dados levantados de outros estados, outras cidades. Tome as regiões mais ricas do país. O estado de São Paulo, por exemplo, eles estariam em vantagem ou desvantagem em relação à região que vocês estão estudando? Uma cidade do Interior do Nordeste se encontra na mesma situação de uma cidade pequena do estado de Minas Gerais ou do Rio Grande do Sul? Os jornais podem oferecer a você dados importantes para estabelecer essas comparações. Por que fazê-las? É o nosso papel de cidadãos. Isso é construção de solidariedade. Divulgue os resultados de suas observações. Assim, você estará motivando um grande número de colegas a discutir e participar.
Mas será que vamos poder mudar um país que tem as proporções de um continente? O caso não é esse. Não sejamos utópicos, nem sonhadores demais. Olhemos à nossa volta e tentemos transformar o que está ao alcance de nossa tímida mas eficiente, se for feita com vontade, atuação. Querem uma sugestão para complementarmos as cestas de nossos vizinhos, cuja renda não per-

mite uma alimentação suficiente ou adequada? Essa é a nossa próxima atividade.

10. Reveja seus conhecimentos de desenho. Através das figuras geométricas, você pode dividir um terreno para a construção de uma horta comunitária. Você sabe que precisamos comer vários alimentos de diferentes qualidades para mantermos o corpo em equilíbrio. Vamos dividir as qualidades por cores e construir uma horta com divisões que representem figuras: quadrados, retângulos; aproveite o triângulo que pode estar no canto do terreno. Antes de passar ao terreno propriamente dito, tudo deve estar planejado no papel e colocado, naturalmente, numa escala adequada. Depois de ter acabado a representação, nas proporções que o tamanho do papel permita, você já pode dividir o "terreno" por cores.

Onde se plantará alface, pinte de verde; no lugar reservado à plantação dos tomates, coloque o vermelho e assim sucessivamente. Você estudará a melhor forma para que se tenha, no mínimo, cinco cores diferentes nas divisões do quadrado, do retângulo, triângulo, etc. Dessa forma, você estará fixando os conteúdos de geometria e mantendo os seus vizinhos e a você mesmo, se assim o quiser, bem saudáveis. Além disso, o aproveitamento dessa horta assim idealizada será o melhor possível.

11. E a tabela de conversões de medidas? Se você ainda não estudou, procure conhecê-la. Então, você pode ter as mensurações da horta em

metros, decímetros ou quilômetros quadrados, ou em outra medida proporcional. Não se esqueça de que a horta tem um perímetro que você deve calcular. Com todas as dimensões em mãos, você pode calcular a quantidade de sementes ou adubo que deve providenciar.

12. Para que a noção espacial da área que você vai plantar fique bem clara, desenhe no chão uma área de 1m^2 e outra de 2m^2 e veja quantos colegas de sua classe cabem nesse espaço; depois, analise quantas hortaliças de cada qualidade escolhida podem ser plantadas nesse planos.

13. Procure inserir a sua horta numa fazenda, num sítio, numa chácara e assim você pode conhecer outras unidades de medida como o hectare ou o alqueire, dimensionando-a em relação a esses espaços maiores, até mesmo traduzindo qual o espaço que a horta ocupa, em porcentagem, dentro de um território maior.

14. Você já ouviu falar em Reforma Agrária? Para entendermos de forma até simplista a filosofia desse projeto de divisão de terras, podemos simular a organização de uma reforma, tomando como base os terrenos que temos representados nos mapas da região e calcular quais seriam as terras produtivas e as improdutivas. Como fazê-lo? Consulte os órgãos da Prefeitura para conhecer as fazendas, sítios e chácaras de sua cidade. A quem pertencem, qual seu tamanho, o que cultivam, qual

a extensão de terra cultivada em cada uma delas, qual a extensão de pastos, quantas cabeças de gado, a que se destinam – corte ou produção de leite etc. Após medir e dividir a área rural mais extensa em áreas cultiváveis e pastagens, pinte as diversas culturas em diferentes cores, para conhecer como melhor explorar todo o terreno a ser tratado e tornar as terras mais produtivas. Naturalmente, antes de dividir as culturas, é necessário fazer uma análise da terra de cada lugar a ser cultivado. Numa grande fazenda ou mesmo num sítio de pequenas dimensões, a terra não é homogênea. Uma terra mais arenosa não aceitará qualquer tipo de cultura, por exemplo. Colha amostras da terra, compare com outras amostras de lugares cuja vegetação seja mais ou menos rica. Observe bem a coloração do solo, a umidade do lugar. Procure saber se o lugar que é objeto de nossa investigação foi, há anos e anos, uma região vulcânica, ou se teria sido uma região de deserto. Isso tudo vai auxiliar na escolha dos produtos a serem plantados.

15. Com esses conhecimentos, você pode dividir tarefas de plantio entre as famílias que possam e queiram trabalhar no campo para melhorar não só as suas condições de vida, mas queiram igualmente minimizar as gritantes diferenças sociais com que convivemos em nosso país.
Investigada a dimensão de seu espaço rural a ser explorado, determine a área que compete a cada família, orientando-as quanto ao alimento que pode ser plantado na área que lhe coube.

Além disso, estabeleça o sistema de troca, para que se possa preservar a condição primeira de uma alimentação balanceada: combinar, nas refeições, elementos de 5 cores. Como fazer se no território que coube a uma família não dá para plantar todo o necessário? Para isso, organiza-se o sistema de troca. É um ótimo exercício de solidariedade e cidadania!

Todas essas sugestões de trabalho constituem experiências iniciais, a partir das quais podemos criar situações novas, isso se realmente acreditarmos que está ao alcance de cada um de nós a ajuda ao próximo.

Com os conceitos adquiridos, poderemos encontrar muitas saídas! Todos nós iniciamos a nossa trajetória, contando nos dedos para acharmos os resultados pretendidos; hoje, com esses mesmos números, você está construindo o seu país.

A SAÚDE ESCREVE A HISTÓRIA DOS HOMENS

Margaret Guimarães

Para reflexão tão abrangente como a que o título sugere, é preciso que tenhamos claro o significado de três termos muito utilizados nas discussões sobre a ocorrência de doenças que atingem, às vezes, toda uma camada da população: epidemia, endemia e pandemia.

Epidemia, talvez o vocábulo que nos seja mais familiar, é o nome que se dá ao alastramento de uma determinada doença, no decorrer de um certo tempo, sobre a população de uma cidade, de um estado ou até de um país.

O aparecimento de uma doença latente, isto é, que está camuflada e, repentinamente, manifesta-se, chamamos de endemia. As doenças endêmicas são consideradas peculiares de uma certa região.

O vocábulo pandemia fica facilmente compreensível se conhecemos o significado do elemento grego *pan*, que significa "todo, tudo". Portanto, pandemia é o nome que se aplica aos casos em que uma doença se alastra de forma generalizada, por vários países.

Exemplos de pandemias não faltam na literatura médica: a peste bubônica, a febre amarela, a cólera. Esta última, propagada durante seis pandemias, flagelou impiedosamente vários países, exterminando milhões de vidas.

Muito tempo se levou para descobrir que a cólera era causada por um vibrião (bactéria) transmitido principalmente pela água contaminada por fezes de pessoas doentes ou pessoas sadias que portavam esse tipo de bactéria.

Se a contaminação acontece quando nos servimos dessa água para beber, para cozinhar, para lavar nossos alimentos ou mesmo para nos banhar, será que não podemos alertar a população que vive em condições mais precárias quanto aos perigos que correm?

Nas primeiras décadas do século XX, o aparecimento de um vírus matou, na Europa, mais de 30 milhões de pessoas: o vírus da gripe espanhola. Descobriu-se, tempos depois, que a responsável pela transmissão dessa doença era a carne de porco – e não a de aves, como se acreditou durante um período considerável. Mas, enquanto não se conheciam as causas desse terrível mal, quantas pessoas não morreram?

Como são úteis e importantes essas informações! Mas elas não podem ficar arquivadas; nossa missão, como cidadãos, é dividi-las com nossos amigos, vizinhos, colegas e trabalhar para fazer a nossa parte na transformação da realidade de nossa comunidade.

E a origem do vírus da AIDS, verdadeiro fantasma que tem rondado nossas vidas? Chegou-se à conclusão, depois de tantas pesquisas, de que o vírus origina-se dos primatas africanos. Entretanto, muito se desconhece ainda dessa doença; uma realidade, porém, impõe-se diante dos nossos olhos: trata-se de uma pandemia, pois ela tomou proporções mundiais.

Como nos preservar? Como alertar as pessoas que nos rodeiam?

O conhecimento dessas trágicas ocorrências que provocaram milhares e milhares de mortes deve ser um primeiro passo a ser dado. Sabemos que as campanhas realizadas junto à comunidade, pelos meios de comunicação, têm mostrado um efeito sempre abaixo das expectativas dos órgãos oficiais.

Divulgar que os contatos sexuais, as transfusões de sangue, o uso descuidado de seringas nas transfusões de sangue são atitudes de risco que podem expor o indivíduo à contração da doença, nem sempre sensibiliza o jovem ou até mesmo o adulto. Insistir na importância de se ferver bem a água de procedência incerta antes de servir-se dela no uso doméstico tem sido um trabalho de resultados ainda duvidosos.

Talvez, por essa razão, conhecermos a fragilidade humana, termos acesso à história de tantas catástrofes a que, desde há tantos séculos, os nossos semelhantes estiveram expostos, seja uma forma de alertarmo-nos para a responsabilidade que temos em manter a nossa integridade física e em preservar a vida de nossos descendentes, responsáveis pelo amanhã.

Cuidados indispensáveis

O primeiro cuidado que devemos ter é com a vacinação.

Em suplemento publicado em 1999 por uma revista americana, *Lancet*, profissionais da saúde fazem uma cuidadosa revisão da situação de vacinação de crianças, nos países desenvolvidos e em desenvolvimento.

Constataram esses cientistas que, das 10 milhões de mortes anuais de crianças com menos de 5 anos de idade, mais de 99% ocorrem em países em desenvolvimento e 70% são causadas por doenças para as quais já existem vacinas.

Muitas vacinas podem e serão desenvolvidas, mas isso não está em nossas mãos. O que podemos e devemos fazer é organizar meios de divulgar a importância das campanhas de vacinação. Visitar vizinhos, observar e acompanhar as nossas próprias carteiras de vacinação – elas são direito e dever de todos nós. A carteira de vacinação é, também, parte da história da vida de todos nós. Quanto mais vacinas, que se registraram nas carteiras, tomarmos, mais protegidos estaremos de muitas doenças que hoje encurtam a vida do povo brasileiro.

Outro aspecto que merece ser comentado são as enchentes que vemos nos noticiários e acontecem no mundo todo. Essas chuvas torrenciais que a terra não consegue absorver e que fazem os rios transbordar e as águas invadir as nossas casas são fontes de doenças. Não só sujam e contaminam a água que bebemos, mas trazem doenças que vivem com os animais dos esgotos. Quando as chuvas enchem esses esgotos, os ratos nadam para lugares mais altos a fim de não morrerem afogados e a urina que eles expelem mistura-se nas águas. Como são milhares de roedores, a contaminação da água é mais concentrada e quem ficar caminhando nessas águas, ou brincando e nadando, pode ser contaminado pela *leptospirose*, doença gravíssima transmitida por esses roedores.

Devemos evitar, portanto, o contato de nosso corpo com essa água, sobretudo não ingeri-la em nenhuma hipótese, pois ela é a portadora da doença. Os ratos são perigosos agentes transmissores, responsáveis pela morte de milhares de pessoas na história da humanidade. E, na essência, nós, homens, colaboramos para isso. Ao jogarmos alimentos nos terrenos baldios, ou quando tratamos dos nossos animais domésticos, jogando restos de comida ou mesmo grãos nos nossos quintais, estamos indiretamente alimentando os nossos inimigos, que ficam mais saudáveis e se reproduzem mais, aumentando a possibilidade de transmitir mais doença.

Na Europa Medieval, isso ficou bem evidente. Nas cidadelas, em que o costume do povo era jogar as sobras de comida em locais próximos das moradias, a peste ceifou milhares de vida. Já nos povoados onde se enterravam os restos alimentares, não houve superpopulação de ratos, não ocorrendo, portanto, a epidemia que assolou outras regiões.

Esses dados nos mostram que devemos tomar cuidados rotineiros que se transformarão em saúde no futuro:

- Não jogar alimentos em terrenos baldios.
- Não dar comida aos animais domésticos em quantidade maior do que eles podem comer, para evitarmos sobras que fiquem à mercê de ratos, gatos ou cachorros de rua.
- Alimentar os animais de estimação com vasilhas que possam ser guardadas em lugares fechados, se houver sobras de alimentos.

- Tomar cuidados com a água que se vai usar dentro de casa.
- Manter hábito de higiene corporal.

Atividades

1. A partir daí, seria interessante levar à sala de aula relatórios de situações do nosso cotidiano ou do que podemos observar à nossa volta, nas proximidades de nossa casa, de nossa escola, dos lugares que costumamos freqüentar:
   - Existe coleta de lixo em seu bairro?
   - Quantas vezes por semana o lixo é recolhido?
   - Se a prefeitura de sua cidade não presta esse serviço, onde ficam os resíduos de comida, as latas vazias de alimentos, os vidros?

2. Com esses dados em mãos, junte-se com seus colegas e começem a trabalhar. Por que não enfrentar alguns desafios?
   Vocês podem começar com a montagem de latões de lixo, pintados com cores fortes e alegres.
   É importante identificá-los: *lixo orgânico, plástico, papel, vidro.*
   Mas, como conseguir todo esse material?
   Podem ser montadas, entre os colegas da escola, várias comissões de trabalho, a que podemos chamar, por exemplo, de "Agentes ou Sentinelas da Saúde" e distribuir tarefas que possam viabilizar o projeto de ação.
   E como acontecerá essa ação?

O grupo 1 visitará postos de gasolina para solicitar os latões (o nome do posto pode ser pintado em um dos lados do latão; essa é uma forma de você fazer publicidade para o seu patrocinador). O grupo 2 percorrerá os bairros próximos à escola ou próximos à sua casa ou à de seus colegas, procurando edifícios em construção, onde o grupo, com certeza, poderá conseguir restos de tintas que servirão ao acabamento desses tambores de lixo-útil.

Por que lixo-útil? Porque os lixos que estão organizadamente separados podem ser *reciclados*. Existem muitas instituições que aceitam esse material e com ele fabricam utensílios de grande serventia. Nós sugerimos até dizer que essa etapa do trabalho seja reservada a um grupo de "agentes da saúde" que goste de Ciências e de pesquisa. O novo milênio, com certeza, dá início ao que podemos chamar de "era da reciclagem". Os jornais e a televisão não se cansam de alertar a população quanto à abundância de lixo que produzimos e a dificuldade que os órgãos públicos têm tido em "guardar" esse material. A *Folha de S. Paulo*, renomado jornal desse estado, segundo divulgação de maio de 1994, esclarece que a cidade de São Paulo recolhe, por dia, 13 mil toneladas de lixo. Isso significa uma quantidade assustadora: cerca de 1 quilo por habitante da cidade. Metade desse lixo são embalagens vazias, garrafas, latinhas, além de materiais orgânicos que poderiam ser reaproveitados em adubo.

Portanto, a iniciativa desse projeto de ação é de extrema importância social!

3. Continuando o relatório de observação, veja onde se encontram os lixos que foram acondicionados em sacos plásticos. Os nossos vizinhos os deixam nas calçadas? Jogam nos terrenos baldios, julgando que estão "seguros" os restos de alimentos por estarem bem embalados?

Nesse caso, um outro grupo, o grupo 3 deverá ficar encarregado da divulgação da campanha. Visitem casa por casa da vizinhança do território que delimitaram, para expandir o projeto, com o objetivo de orientar as famílias que lixo jogado ao chão é perigo certo!

4. O ideal é que essas visitas sejam feitas com a sugestão de soluções para os problemas encontrados ou até mesmo com os instrumentos que vão auxiliar a mudar o ambiente inadequado. Não são todas as famílias que têm iniciativa ou recursos materiais para melhorar a qualidade de vida. Essa é, também, uma tarefa que devemos tentar desempenhar, respeitando sempre os nossos limites.

Os "Agentes" que se disponham a esforços físicos maiores poderiam procurar marcenarias ou depósitos de materiais de construção onde pudessem conseguir as estacas para a suspensão desses lixos.

Com sucata de madeira ou com tubos de PVC, podemos construir suportes que dificultem o acesso dos animais indesejados às sobras que, diariamente, temos que depositar fora de casa.

Não se esqueçam de sempre guardar um "lugarzinho" para o nome dos patrocinadores. Divulgar a marca das empresas que têm contribuído para o projeto-saúde, redigir e enviar uma carta de agradecimento a elas, além de ser um bom exercício de redação, representa uma atitude ética. Mas faltam os caixotes onde vão ser organizados os sacos plásticos. Que tal uma visita de "cortesia" à casa de frutas e verduras do pai ou do tio de nosso colega? Ou ao simpático dono do maior supermercado do bairro, ou à venda mais modesta? Velhas caixas de madeira são objetos de extrema utilidade.

5. Como agir, se nossa cidade, ou nosso bairro, não contar com a coleta de lixo? Os velhos latões conseguidos pelos nossos amigos poderiam, num lugar estrategicamente escolhido, servir de "forno", onde seria incinerado todo o lixo do dia. Nesse caso, cuidado! Brincar com fogo é perigoso e trabalhar também pode ser. É importante que, para essa parte do trabalho, um adulto possa estar por perto. Não se esqueçam de que o nosso lema deve ser sempre: preservar a vida acima de tudo!

Muitas idéias novas podem surgir a partir desses primeiros passos. O importante é começarmos, acreditando nessa participação como forma de transformação social. Mas, o mais importante ainda é sabermos que a ação de um grupo é sempre mais forte do que o trabalho solitário, embora individualmente também nós possamos agir, dando exemplos por essa ação.

6. Tomemos o pátio de nossa escola. Poucos são os espaços tão familiares como esse. Lá nós desfrutamos de momentos de lazer, lá nós nos reunimos com os amigos, com os professores. É justo e necessário que seja um local agradável e LIMPO!
Você já observou como fica esse pátio após o horário de intervalos das aulas? Papéis jogados no chão, restos de lanches, copos descartáveis pelos cantos...

Será que só os países economicamente estáveis, considerados desenvolvidos, é que podem ser limpos? Ruas sem papéis, calçadas sem toquinho de cigarro, estrada sem cascas de frutas!

Sabemos que a tuberculose, por exemplo, é doença ligada à pobreza, à fome: situações pelas quais nós não podemos, diretamente, responsabilizarmo-nos; entretanto, podemos estar certos de que o asseio é passagem garantida para uma vida mais saudável.

Nosso país, por ter proporções geográficas gigantescas, terá sempre dificuldades de contar com assistência social homogênea. Muitos casos que se registram na imprensa acabam ficando sem solução, até mesmo porque as distâncias que se impõem entre um povoado ou outro limitam a ação dos órgãos de saúde responsáveis. O ideal é que cada povoado tenha seu órgão de saúde. O que é mais grave ainda é a falta de verbas suficientes que possam atender a todas as dificuldades de nosso povo.

Conhecendo essas dificuldades, vamos, numa atitude conformista, cruzar os braços e corrermos o risco de assistirmos às mesmas catástrofes que nossa história conta?

Aqui fica o convite para que reunamos os nossos esforços, somemos as informações adquiridas na escola, com nossos mestres, e deixemos que, em estado de mais equilíbrio, físico e mental, o povo reescreva a sua história...

Bibliografia

Aidshiv@zipmail.com.br

BAKHTIN, M. *Marxismo e* filosofia *da linguagem,* São Paulo, Hucitec, 1990.

BRÄKLING, K.L. *Parâmetros Curriculares Nacionais – Língua Portuguesa*, Ministério da Educação e do Desporto – Secretaria do Ensino Fundamental – SEF.

COLL, C. *Aprendizagem escolar e a construção do conhecimento*, Porto Alegre, Artes Médicas, 1994.

Corpo e saúde em desenvolvimento in www.uol.com.br/saude.

DALLARI, S.G. *A saúde do brasileiro*, São Paulo, Moderna, 1987.

DANTE, L. R. *Didática da resolução de problemas em Matemática*, São Paulo, Ática, 1991.

"EPIDEMIA GLOBAL" in *Http//zaz.com.br*

"EPIDEMIAS" in *miner.bol. com. br*

FERREIRO, E. e TEBEROSKY, A. *A psicogênese da língua escrita*, Porto Alegre, Artes Médicas, 1985.

_____. *Reflexões sobre alfabetização*, São Paulo, Cortez, 1985.

FREIRE, P. *Pedagogia da autonomia. Os saberes necessários à prática educativa*, São Paulo, Paz e Terra, 1997.

INOUE, Ana A . e outros. *Parâmetros Curriculares Nacionais.* Ministério da Educação e do Desposto – Educação para a Saúde, Secretaria do Ensino Fundamental – SEF

Ministério da Educação e do Desporto, Secretaria de Educação Fundamental, *Parâmetros curriculares nacionais*, Brasília, 1997.

Ministério da Saúde in www.saude.gov.br

NEGRO CONCEIÇÃO, J. A. (coord.) *Saúde escolar.A criança, a vida e escola*. São Paulo, Sarvier, 1994.

"O Brasil em números" *Revista Exame*, 700ª edição, São Paulo, Ed. Abril, 1999.

RIPSA – Rede Interagencial de Informação para a Saúde – Ministério da Saúde.

TEBEROSKY, A. "Compor textos" in TEBEROSKY, A. e TOLCHINSKY, L. *Além da alfabetização*, São Paulo, Ática, 1995.

TONERO, Nílton. *Os caminhos da cólera*, São Paulo, Moderna, 1995.

"Vacinação em países ricos e pobres". *Medicina*, Conselho Federal de Medicina, número 110, outubro, 1999.

VYGOTSKY, L. S. *Pensamento e linguagem*. Lisboa, Antídoto, 1979.

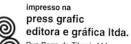

impresso na
**press grafic
editora e gráfica ltda.**
Rua Barra do Tibagi, 444
Bom Retiro – CEP 01128-000
Tels.: (011) 221-8317 – (011) 221-0140
Fax: (011) 223-9767